DOMINIK MEISSNER

Das hab ich gefaltet
Winterzeit

Inhalt

Grundanleitung

Sicherlich kennst du einige Origami Figuren. Die in diesem Buch beschriebenen Objekte sind teilweise schon sehr alt, vielleicht schon älter als deine Großeltern, aber die meisten wurden extra für dieses Buch erfunden.

Beginne am besten mit den einfachen Modellen in diesem Buch. Je mehr ausgemalte Sterne die Figur hat, umso schwieriger ist sie. Wenn du noch ungeübt im Falten bist, dann verwende großes Origamipapier (20 cm x 20 cm).

Schwierigkeit: einfach

Schwierigkeit: mittel

Schwierigkeit: schwer

Faltsymbole

◆ Zu Beginn ist es leichter zweifarbiges Origamipapier zu verwenden, denn so erkennst du immer, die Vorder- und die Rückseite des Papiers. Wenn ein Pfeil auf der Zeichnung ist, der zeigt, dass das Papier umgedreht werden muss, kannst du die Zeichnungen vor und nach dem Umdrehen so auch besser vergleichen.

◆ Für dieses Buch wurden die weltweit gültigen Origami Linien und Pfeile verwendet. So kannst du später auch japanische Origami Figuren anhand der Zeichnungen falten.
Eine schwarze gestrichelte Linie zeigt eine Talfalte an und der Pfeil gibt die Richtung an. Die Faltung heißt Talfalte, weil beide Seiten wie in ein Tal hinunter gehen. Die blau gepunktete Linie zeigt, wie das Papier vorher ausgesehen hat.

◆ Eine blaue Strich-Punkt-Punkt-Linie zeigt eine Bergfalte an und der Pfeil gibt die Richtung an. Die Faltung heißt Bergfalte, weil beide Seiten wie auf einen Berg hinauf führen.

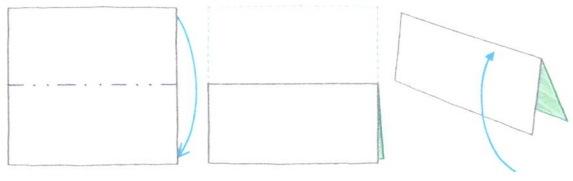

◆ Ein einzelner weißer Pfeil ohne eine Linie bedeutet, dass du das gerade Gefaltete wieder auffalten musst. Die dünne schwarze Linie, die nicht bis an den Rand geht, zeigt dir eine bereits gefaltete Faltung.

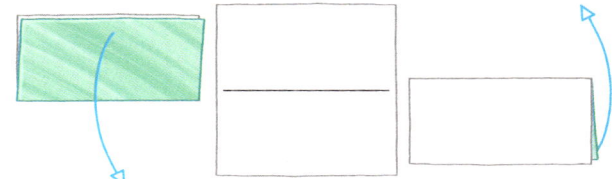

- Manchmal werden Pfeile zum Tal- oder Bergfalten mit dem Pfeil zum Auffalten kombiniert. Hier musst du das Gefaltete gleich wieder Auffalten.

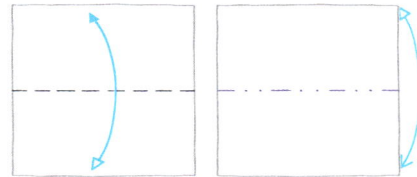

- Eine grüne Linie mit Schere zeigt dir, wo du Schneiden musst. Verwende dafür immer deine Kinderschere.

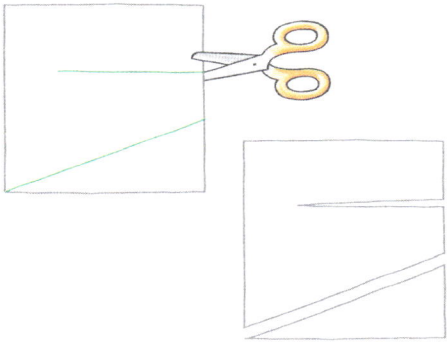

- Wenn du richtig tolles Origamipapier hast, kannst du deine Figur zum Üben zuerst mit Schreibpapier falten.

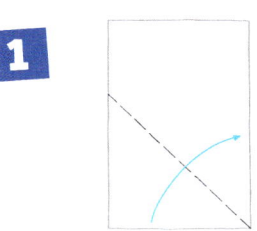

1 Mit einer Talfalte bringst du dafür die unter Kante vom Schreibpapier auf die rechte Kante.

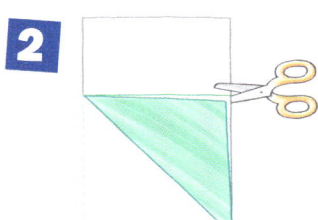

2 Schneide nun mit deiner Schere vorsichtig an der Kante entlang.

3 Falte das Papier wieder auf und lege den oberen abgeschnittenen Streifen zur Seite.

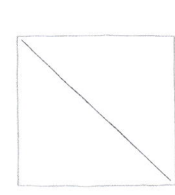

4 Nun hast du dein Origamipapier und auch schon die erste Faltanleitung gelesen.

Tipps und Tricks

- Falte immer auf einem sauberen Tisch. Der ist schön gerade und glatt.

- Lege das Origamipapier immer so, wie es dir die Zeichnung im Buch zeigt.

- Wenn du mal nicht weiterkommst, dann mach eine Pause und falte später weiter.

- Falte so genau wie es dir möglich ist. Wenn du kleine Faltfehler hast, falte deine Figur trotzdem zu Ende. In einem Wald sehen auch nicht alle Bäume gleich und perfekt aus.

Jetzt wünsche ich dir viel Spaß beim Falten.

D. _(Unterschrift)_

Mistelzweig

bringt Glück

Du brauchst
- 2 Origamipapiere in Grün, 10 cm x 10 cm
- Papierrest in Rot
- Klebestift

1

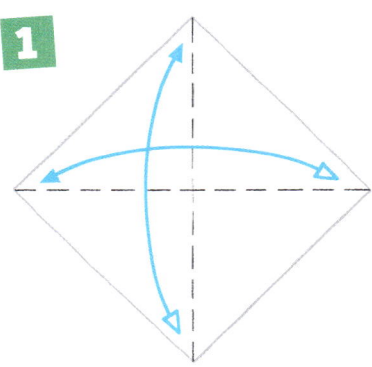

Lege das Papier mit der farbigen Seite nach unten. Falte die rechte Spitze auf die linke Spitze und die untere auf die obere Spitze. Öffne das Papier dann wieder.

2

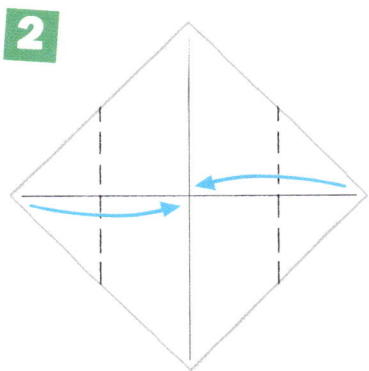

Falte die linke und rechte Spitze zur Mitte.

3

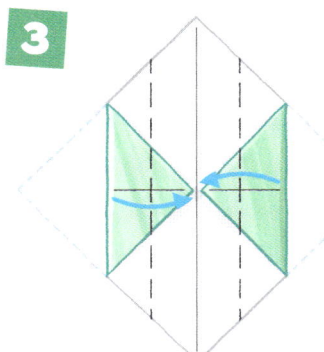

Falte die linke und rechte Kante ebenfalls zur Mitte.

4

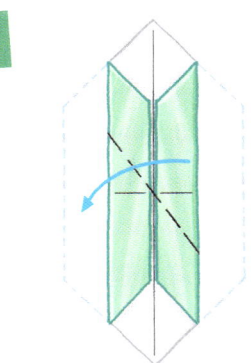

Mit einer Talfalte legst du die obere Spitze schräg nach links.

5

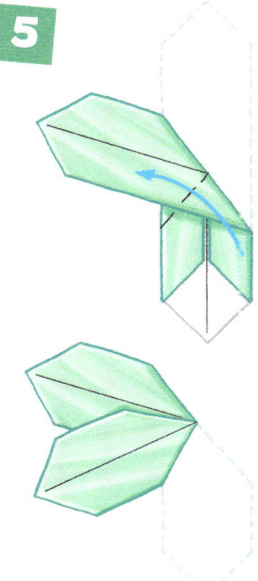

Nun kannst du die untere Spitze schräg nach links falten, sodass sich zwei Blätter bilden.

6

Falte das zweite Origamipapier wie in Schritt 1 - 5 beschrieben.

7

Aus dem roten Papierrest knüllst du kleine Kugeln zusammen. Klebe beide Mistelblätter und die kleinen Kugeln zusammen.

Tipp
Wenn du zwei Mistelzweige zusammen klebst, wird daraus ein großer Stern.

1

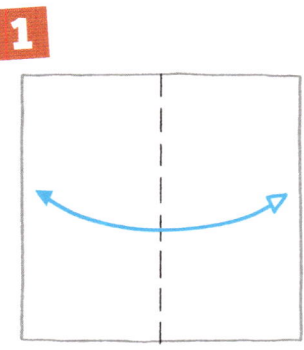

Lege das Papier mit der farbigen Seite nach unten. Falte die rechte Kante des Papiers auf die linke Kante und öffne das Papier wieder.

2

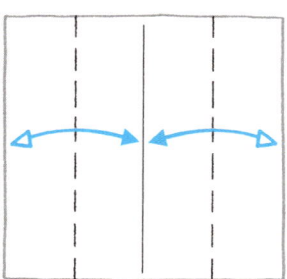

Falte die linke und die rechte Kante zur Mitte und öffne das Papier dann wieder.

3

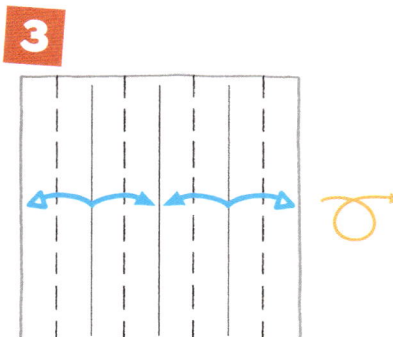

Falte jetzt wie eingezeichnet vier Talfalten. Achte drauf sie immer zu den bereits vorhandenen Faltlinien zu klappen. Öffne das Papier wieder und drehe es um.

4

Falte noch einmal acht Talfalten zu den vorhandenen Faltlinien und den beiden Kanten.

5

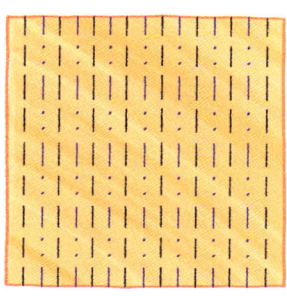

Drücke das Origamipapier zu einem Fächer zusammen.

6

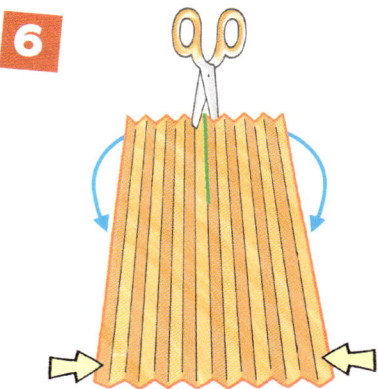

Schneide das Papier von oben mit deiner Schere ein. Schneide dabei nicht ganz bis zur Mitte. Klappe die oberen Seiten als Arme nach links und rechts.

7

Male der Styroporkugel ein Engelsgesicht auf und klebe ziehe mit einer Nadel einen Faden durch die Mitte. Vergiss nicht die Wackelaugen anzukleben. Wenn dir die Arme zu weit abstehen, kannst du sie noch an den Körper kleben.

8

Klebe den Faden an der Rückseite des Körpers fest – jetzt kannst du deinen Engel aufhängen.

Tipp

Einfacher, aber nicht so gleichmäßig wird dein Engel, wenn du dein Papier abwechselnd mit schmalen Berg und Talfalten zum Fächer faltest.

Weihnachtsengel

schmücken dein Zimmer

Du brauchst

- Origamipapier in Gelb, 20 cm x 20 cm
- Schere
- Styroporkugel, ø 2,5 cm
- Filzstifte
- 2 Wackelaugen
- Faden in Weiß
- Nadel
- Klebestift

Tipp

Die Kette kann einen Weihnachtsbaum schmücken, du kannst damit aber auch ein Treppengeländer oder dein Zimmer verzieren. Auch zum Geburtstag ist die Kette eine tolle Dekoration.

Du brauchst

- Origamipapier in deinen Lieblingsfarben, 20 cm x 20 cm
- Schere
- Klebestift

Festliche Papierkette

für bunte Weihnachten

Schneide das Origamipapier gleichmäßig in Streifen. Am leichtesten geht das, wenn du dir die Streifen vorher mit einem Bleistift anzeichnest.

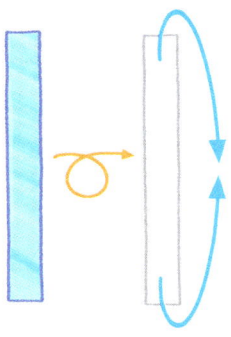

Klebe die Enden eines Streifen zusammen – so entsteht ein Kreis.

Fädle einen zweiten Streifen durch den Kreis und klebe die Enden zusammen.

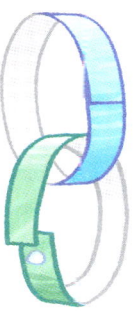

Wiederhole Schritt drei so oft, bis du alle Streifen verbraucht hast oder bis deine Kette lang genug ist.

Weihnachtsmann mit Schlitten

bringt Geschenke

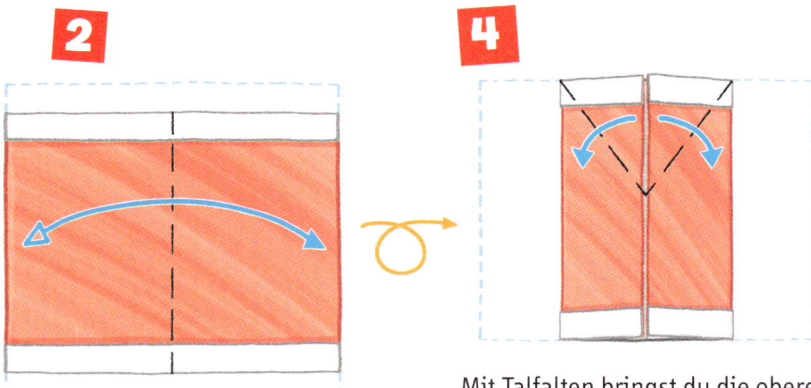

2

Falte die rechte Kante auf die linke Kante und öffne das Papier wieder. Drehe das Papier danach um.

4

Mit Talfalten bringst du die oberen Spitzen nach außen.

Der Körper

1

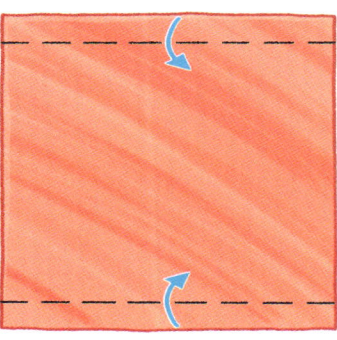

Lege das Papier mit der farbigen Seite nach oben. Falte die obere und untere Kante etwas nach innen. Du kannst die Kanten dabei so weit nach innen falten, wie es dir am besten gefällt.

3

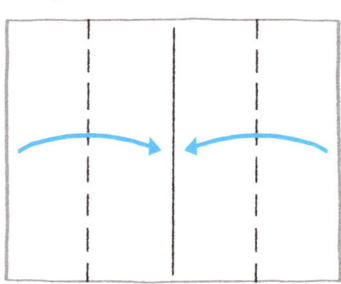

Falte nun die rechte und linke Kante zur Mitte.

5

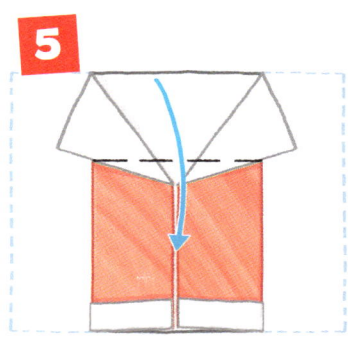

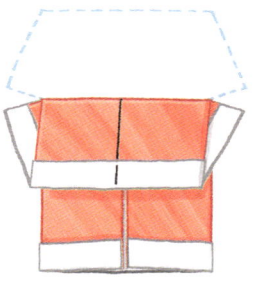

Falte den oberen Teil des Körpers wie eingezeichnet nach unten. Dadurch entstehen kleine Arme.

... weiter auf der nächsten Seite

Der Kopf

1

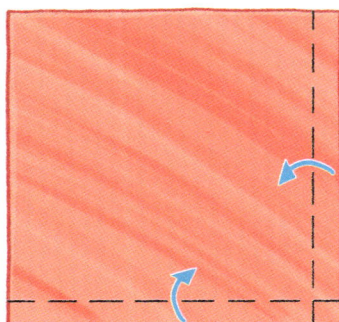

Lege das Papier mit der farbigen Seite nach oben. Falte die rechte und untere Kante etwas nach innen. Du kannst die Kanten dabei so weit nach innen falten, wie es dir am besten gefällt.

2

Drehe das Papier um.

3

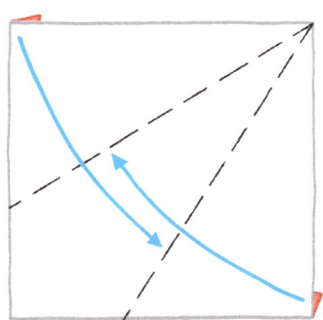

Mit Talfalten legst du die rechte und die obere Kante nach innen. Falte sie so, dass sich die neuen Kanten treffen.

4

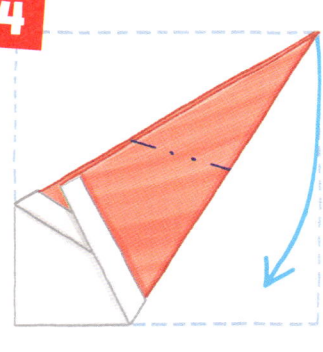

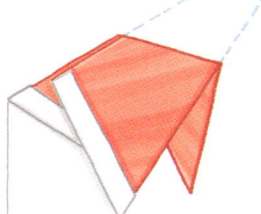

Falte die obere Spitze mit einer Bergfalte schräg nach unten.

5

Klebe den Kopf mit einem Klebestift auf den Körper. Klebe auch die Watte für den Bart und die Mütze an. Mit einem Filzstift malst du nun noch eine Nase auf. Zum Schluss klebst du die Wackelaugen auf.

Du brauchst

◆ Origamipapier in Braun, 20 cm x 20 cm

Schlitten

1

Lege das Papier mit der farbigen Seite nach unten. Falte die untere Kante auf die obere Kante. Falte dein Papier wieder auf.

3

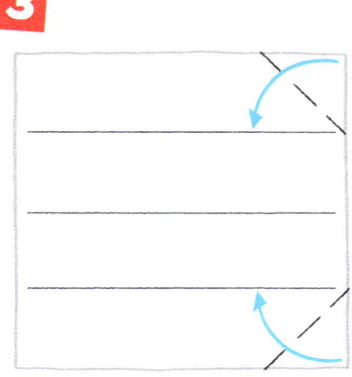

Jetzt kannst du die obere und untere rechte Kante an die gerade gefalteten Linien anlegen.

5

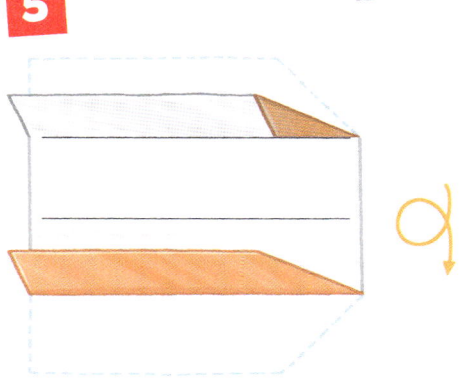

Drehe den Schlitten um und dekoriere ihn nach Lust und Laune.

2

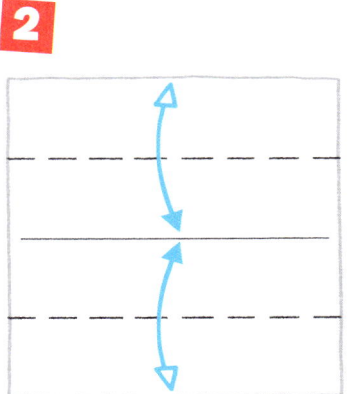

Falte die obere und untere Kante zur Mitte. Falte beide Seiten wieder auf.

4

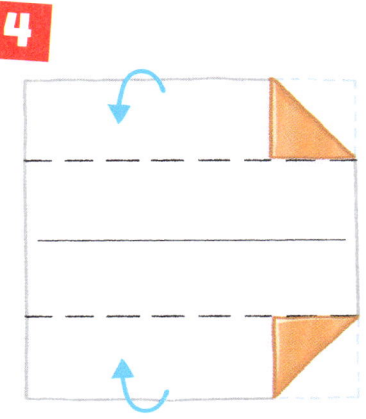

Stelle die obere und untere Kante auf.

Tipp
An die Unterseite deines Schlittens kannst du etwas Wolle kleben. Wenn du dem Weihnachtsmann das andere Ende in die Hand gibst, kann er den Schlitten ziehen.

Kleiner Stern

leuchtet am Fenster

Du brauchst

♦ Origamipapier in deiner Lieblingsfarbe, 10 cm x 10 cm

2

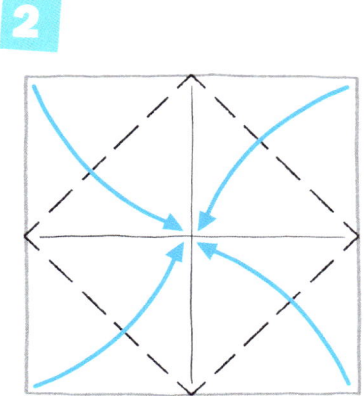

Falte alle Spitzen zur Mitte.

4

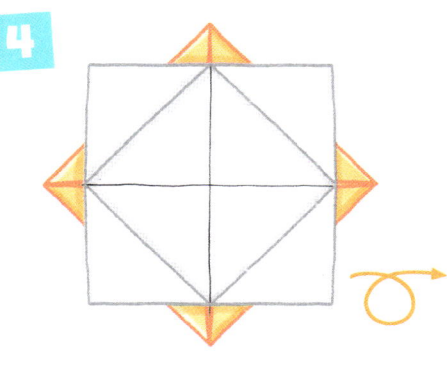

Drehe den Stern um.

1

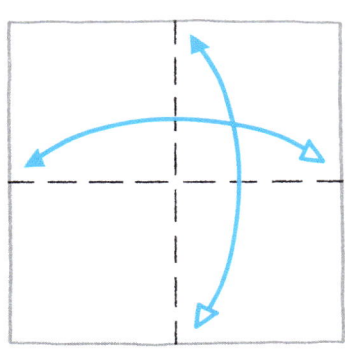

Lege das Papier mit der farbigen Seite nach unten. Falte die untere Kante auf die obere Kante und die rechte Kante auf die linke Kante. Öffne das Papier dann wieder.

3

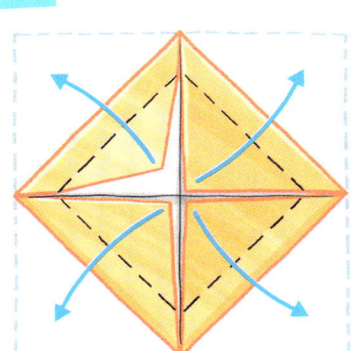

Falte nun alle Spitzen wie eingezeichnet gleichmäßig nach außen.

Tipp

Der Stern sieht je nach Papier auch von hinten sehr schön aus.

Oh Tannenbaum...

... wie grün sind deine Blätter!

1

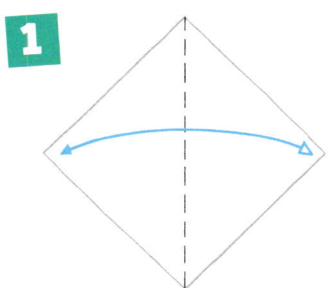

Lege das Papier mit der farbigen Seite nach unten. Falte die rechte Spitze auf die linke Spitze und öffne das Papier wieder.

2

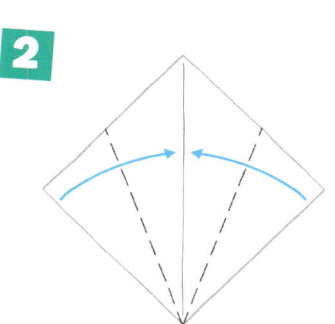

Falte die untere linke und rechte Kante zur Mitte.

3

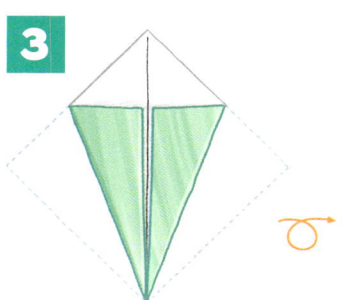

Drehe das Papier um.

4

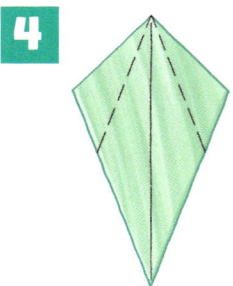

Falte die obere linke und rechte Kante mit einer Talfalte zur Mitte.

5

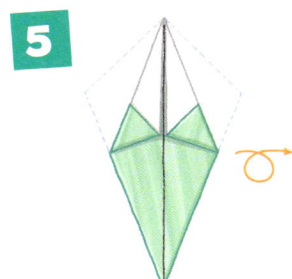

Drehe das Papier um.

6

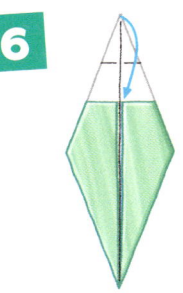

Falte die obere Spitze so nach unten, dass sie die grüne Kante berührt.

7

Lege die untere Spitze entlang der eingezeichneten Linie nach oben.

8

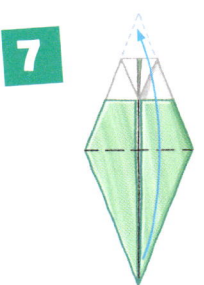

Drehe das Papier um.

9

Falte nun nur die oberste Lage von deinem Papier wie eingezeichnet nach unten.
Drehe deine Figur um und dein Weihnachtsbaum ist fertig.

Lebkuchenmann

zum Anbeißen süß

1

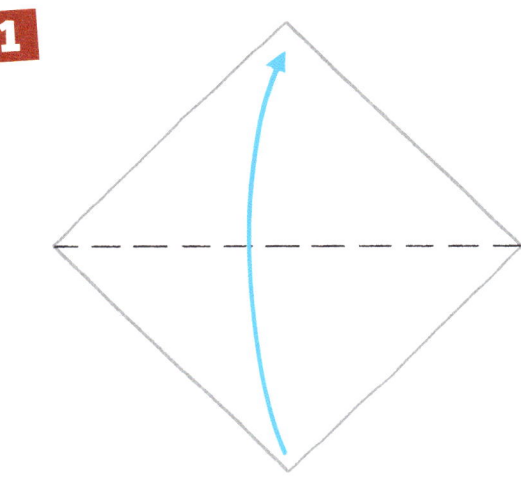

Lege das Papier mit der farbigen Seite nach unten. Falte die untere Spitze auf die obere Spitze.

2

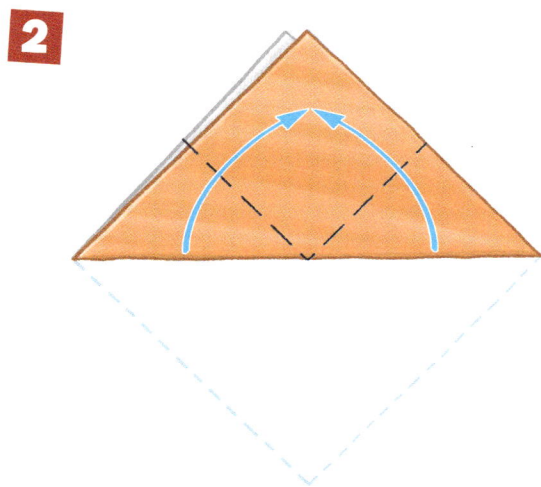

Mit Talfalten faltest du die linke und rechte Spitze zur Mitte auf die obere Spitze.

3

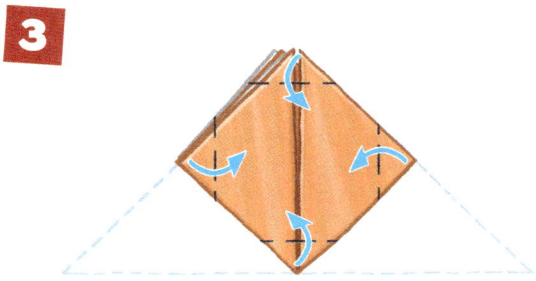

Klappe jetzt alle vier Spitzen Richtung Mitte, sodass der Kopf runder wird.

4

Drehe den Kopf um.

5

Zum Schluss klebst du die Wackelaugen an und malst den Mund auf.

Tipp

Als Körper kannst du den Körper des Weihnachtsmanns auf Seite 12 falten.

Sternenkette

zum Schmücken und Verschenken

Du brauchst

- Origamipapier in deiner Lieblingsfarbe, 20 cm x 20 cm
- Schere
- Klebestift
- Wollfaden

1

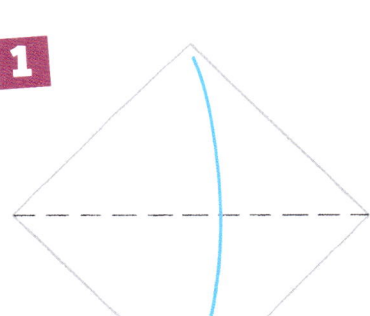

Lege das Papier mit der farbigen Seite nach unten. Falte die obere Spitze auf die untere Spitze.

2

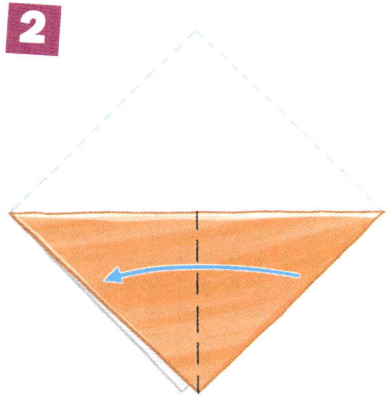

Falte jetzt die rechte Spitze auf die linke Spitze.

3

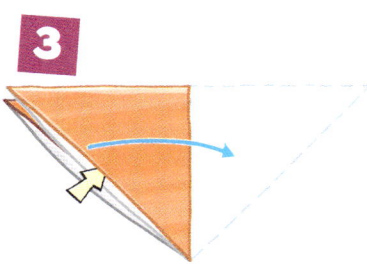

Öffne die oberste Lage leicht.

4

Falte die obere Spitze nach unten auf die untere Spitze. Drücke dabei das Papier zu einem Viereck auseinander.

5

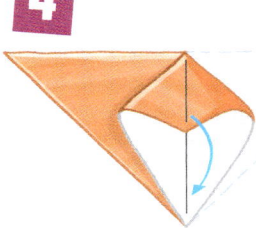

Drehe das Papier um.

6

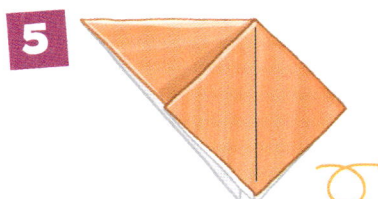

Falte die rechte Spitze zu einem Viereck zusammen, so wie es in Schritt 3 – 4 beschrieben wird.

7

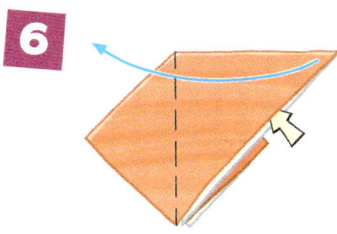

Falte die rechte Seite auf die linke Seite. Schneide einen halben Stern aus dem gefalteten Papier aus. Am einfachsten geht das, wenn du den Stern mit Bleistift anzeichnest.

8

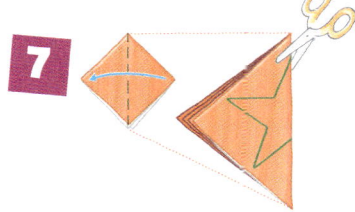

Klappe das geschnittene Papier etwas auseinander. Die ausgeschnittenen Sterne faltest du auf.

9 Klebe die Sterne und das geschnittenen Papier zu einer Kette zusammen.

Bringe zum Schluss noch den Wollfaden an.

23

Schneehase

nascht vom Nikolausteller

1

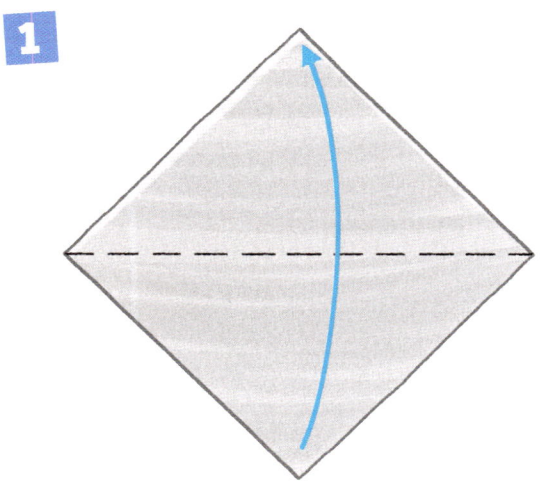

Lege das Papier mit der weißen Seite nach unten. Falte die untere Spitze auf die obere Spitze.

2

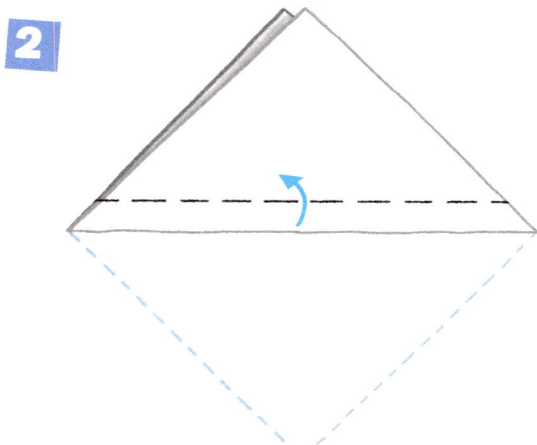

Falte die untere Kante etwas nach oben.

3

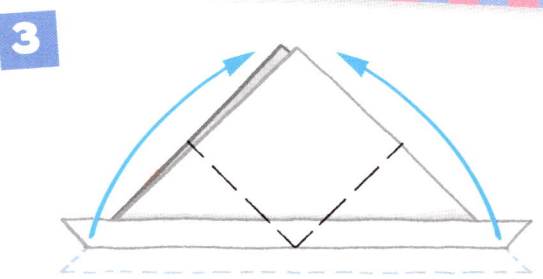

Mit einer Talfalte legst du die rechte und linke Seite zur Mitte nach oben.

4

Drehe den Hasenkopf um.

5

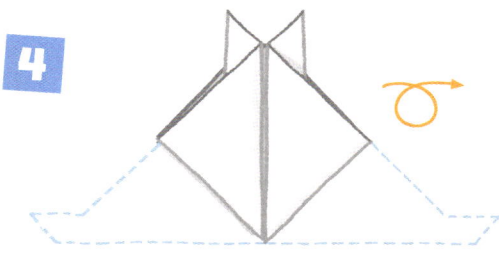

Mit einer Bergfalte bringst du die oben liegende Spitze nach hinten, sodass die Ohren besser zu sehen sind.

6 Klebe die Wackelaugen auf und male mit den Stiften ein Schnäuzchen auf.

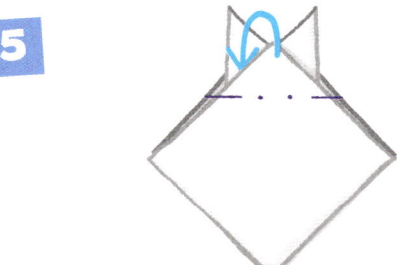

Tipp
Als Körper kannst du den Körper des Weihnachtsmanns auf Seite 12 falten.

Schneemann

schmilzt garantiert nicht

Du brauchst

- 2 Origamipapiere in Weiß-Irisierend, 20 cm x 20 cm
- Papierrest in Schwarz
- Buntstifte oder Lackmalstifte
- Klebestift
- Wackelaugen

1

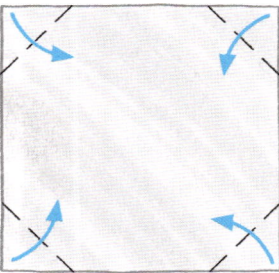

Lege das Papier mit der weißen Seite nach unten. Klappe aller vier Spitzen Richtung Mitte, sodass der Körper des Schneemanns runder wird.

2

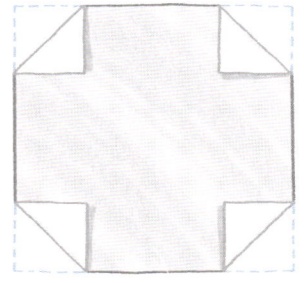

Drehe den Körper um.

3

Male drei Knöpfe auf den Körper.

4

Falte nun den Kopf wie den Kopf des Lebkuchenmanns auf Seite 21. Male ein Gesicht mit Karottennase auf.

5

Schneide nun aus dem Papierrest nach der Vorlage einen Zylinder und klebe alle Teile des Schneemanns zusammen. Vergiss die Wackelaugen nicht.

Tipp

Vorlagen überträgst du, indem du Kohlepapier mit der beschichteten Seite nach unten auf dein Papier legst. Obenauf kommt die Vorlage, die du mit einem spitzen Stift nachzeichnest. So drückt sich der Umriss auf das Papier ab und du kannst ihn dann ausschneiden.

Vorlage

Nikolausmütze

Ho, ho, ho...

Du brauchst
- Origamipapier in Rot-Weiß, 10 cm x 10 cm
- Klebefilm
- Watte
- Klebestift

1

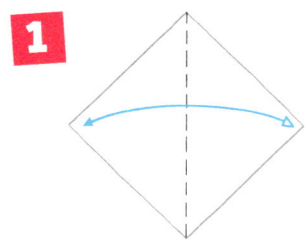

Lege das Papier mit der farbigen Seite nach unten. Falte die rechte Spitze auf die linke Spitze und öffne das Papier wieder.

2

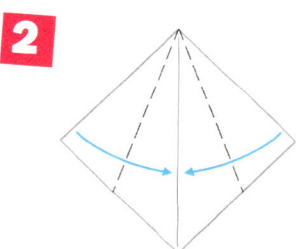

Falte die obere linke und rechte Kante zur Mitte.

3

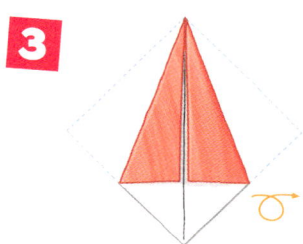

Drehe das Papier um.

4

 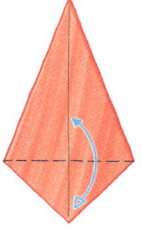

Mit einer Talfalte biegst du die untere Spitze nach oben und faltest sie wieder auf.

5

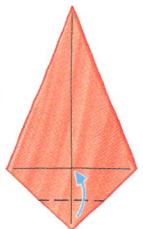

Lege nun die untere Spitze auf die zwei sich kreuzenden Faltlinien.

6

 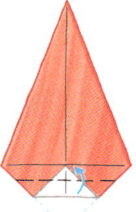

Falte die untere Kante an die gleiche Linie.

7

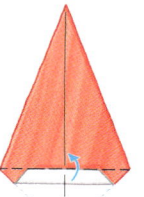

Die untere Kante faltest du mit einer Talfalte nun noch einmal nach oben.

8

Drehe das Papier um.

9

Die rechte und linke Kante faltest du mit Talfalten zur Mitte.

10

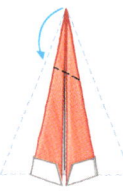

Falte die obere Spitze schräg nach unten.

11

Fixiere das untere Ende deiner Mütze mit etwas Klebefilm und klebe die Watte an die Spitze. Drehe die Mütze um.

Rentier-Lesezeichen

perfekt zum Verschenken

Du brauchst
- Origamipapier in Braun, 15 cm x 15 cm
- Papierreste in Rot und Braun
- Schere
- Klebestift
- Wackelaugen

1

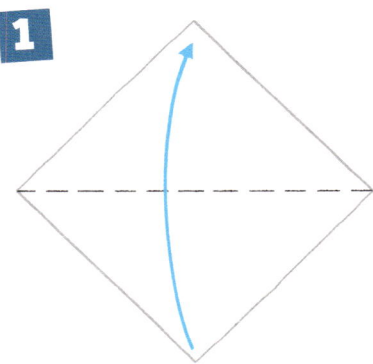

Lege das Papier mit der farbigen Seite nach unten. Falte die untere Spitze auf die obere Spitze.

3

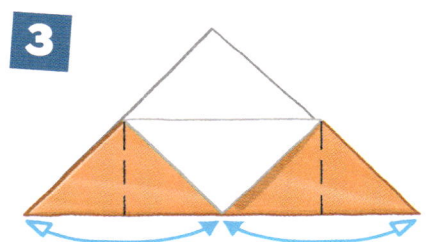

Lege die rechte und die linke Spitze auf die Spitze in der Mitte. Falte die Spitzen wieder auf.

5

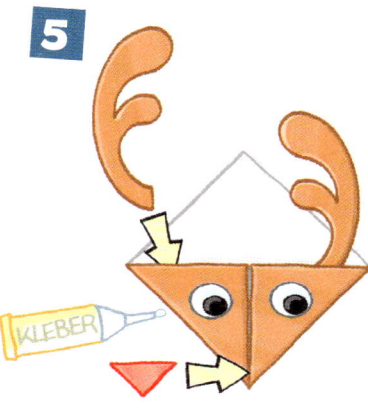

Schneide mit deiner Schere aus den Papierresten eine kleine dreieckige Nase und das Geweih aus. Klebe alles zusammen, aber achte darauf, dass du die Lasche nicht zuklebst. Zum Schluss klebst du noch die Wackelaugen auf.

2

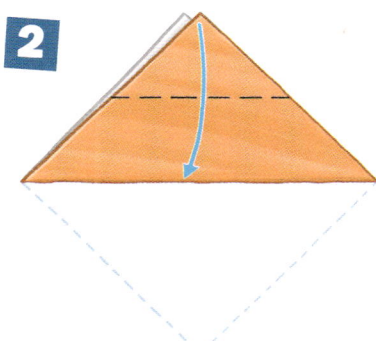

Falte den oberen Teil der Spitze nach unten zur Mitte.

4

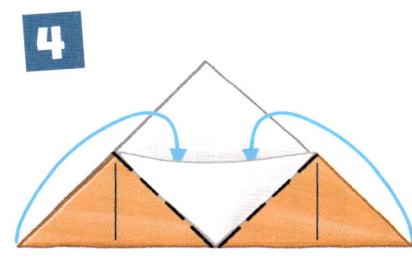

Falte beide Spitzen in die Tasche, indem du sie am Dreieck nach oben zur Mitte und dann nach innen klappst.

Vorlage

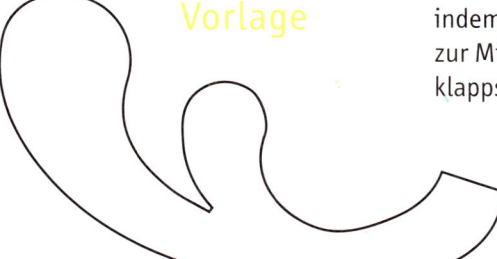

Tipp

Vorlagen überträgst du, indem du Kohlepapier mit der beschichteten Seite nach unten auf dein Papier legst. Obenauf kommt die Vorlage, die du mit einem spitzen Stift nachzeichnest. So drückt sich der Umriss auf das Papier ab und du kannst ihn dann ausschneiden.

Santa Claus

mit roter Mütze

Du brauchst

- Origamipapier in Rot-Weiß, 10 cm x 10 cm
- Klebestift
- Watte
- Wackelaugen

1

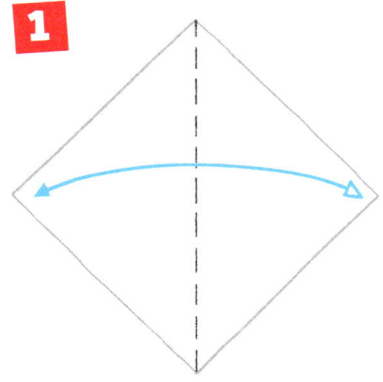

Lege das Papier mit der farbigen Seite nach unten. Falte die rechte Spitze auf die linke Spitze. Öffne das Papier wieder.

2

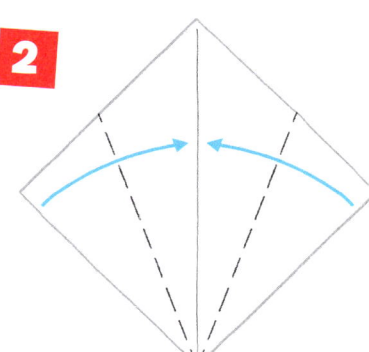

Falte die untere linke und rechte Kante zur Mitte.

3

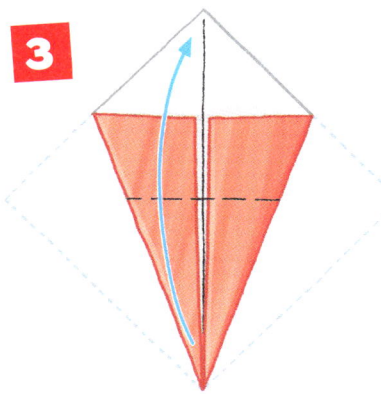

Falte die untere Spitze auf die obere Spitze.

4

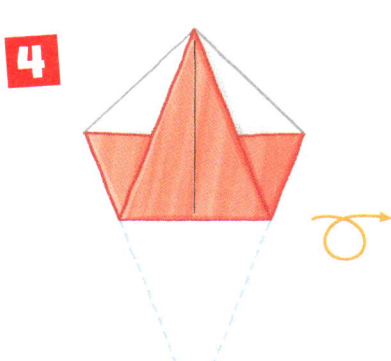

Drehe das Papier um.

5

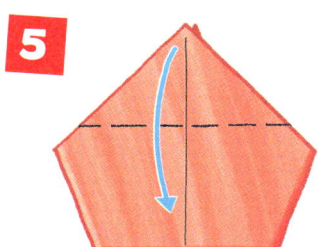

Falte die obere Spitze wie eingezeichnet nach unten.

6

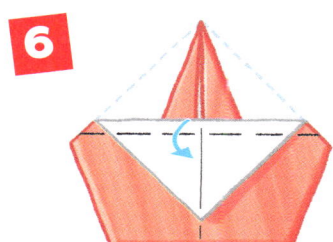

Lege nun die Kante nochmals nach unten. Es macht dabei nichts, wenn die Kante etwas schräg wird.

7

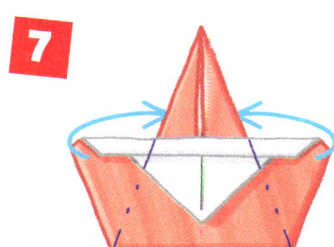

Falte die rechte und linke Seite mit einer Bergfalte auf die Rückseite, sodass sich ein Dreieck ergibt.

8

Klebe zum Schluss die Watte oben auf die Mütze und bringe die Wackelaugen an.

Sterne und Schneeflocken

bringen Weihnachtsstimmung

Du brauchst
- Origamipapier in deinen Lieblingsfarben, 20 cm x 20 cm
- Schere

1

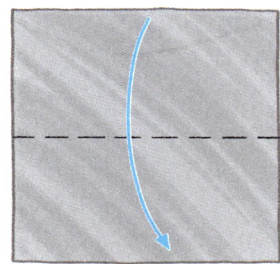

Falte die obere Kante deines Origamipapiers auf die untere Kante.

2

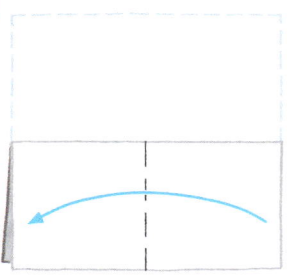

Falte die rechte Seite mit einer Talfalte auf die linke Seite.

3

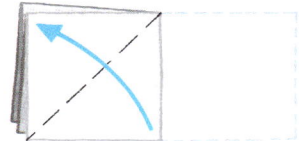

Lege die rechte untere Spitze auf die obere linke Spitze.

4

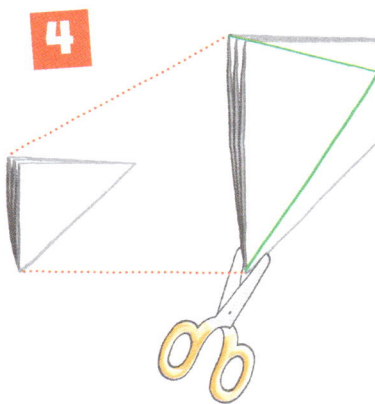

Schneide mit deiner Schere ein Muster in das gefaltete Papier. Achte darauf zu Beginn nicht in die obere und schräge Kante zu schneiden.

5

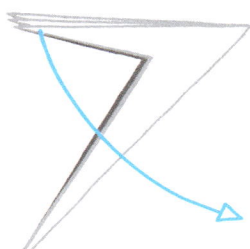
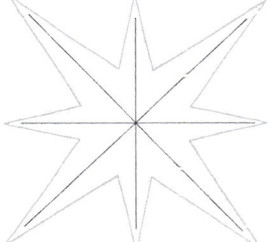

Falte dein Papier wieder auf.

6

Wenn du schon gut mit der Schere umgehen kannst, dann kannst du filigrane Schneeflocken schneiden.

Rentier

Rudolph mit der roten Nase

Du brauchst

- Origamipapier in Braun-Rot, 20 cm x 20 cm
- Schere
- Wackelaugen
- Klebestift

1

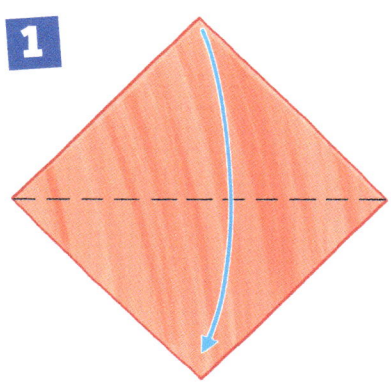

Lege das Papier mit der braunen Seite nach unten. Falte die obere Spitze auf die untere Spitze.

2

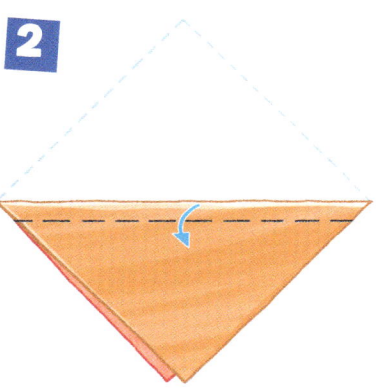

Falte die obere Kante wie eingezeichnet nach unten.

3

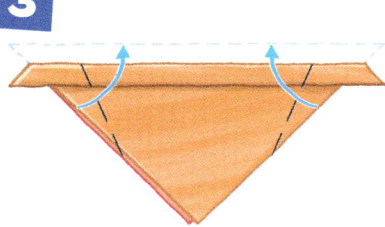

Falte nun die rechte und linke Spitze schräg nach oben.

4

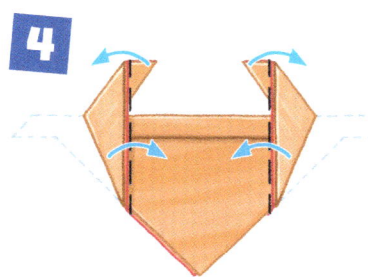

Mit einer Talfalte legst du die rechte und linke Seite gerade nach innen. Die oberen Spitzen zeigen danach automatisch nach außen.

5

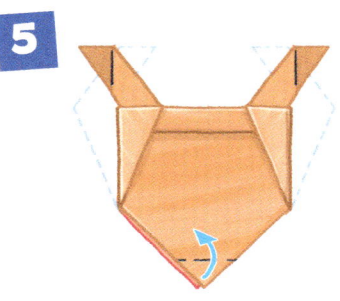

Falte die obere Lage der unteren Spitze nach oben. Das ist die Nase.

6

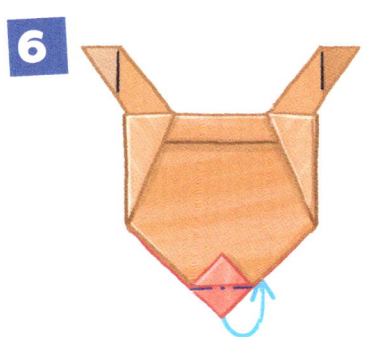

Falte die untere Spitze nach hinten.

7

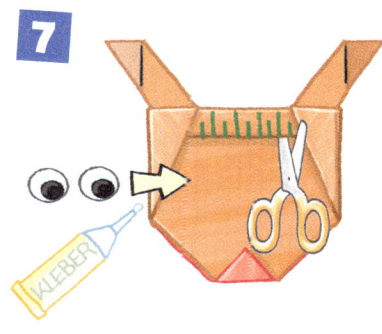

Schneide mit deiner Schere ein paar Fransen in Rudolphs Pony. Zum Schluss klebst du noch die Wackelaugen auf.

Tipp

Als Körper kannst du den Körper des Weihnachtsmanns auf Seite 12 falten.

Glocken

läuten zur Weihnachtszeit

Du brauchst

◆ Origamipapier in Gelb-Weiß, 10 cm x 10 cm

Folge den Schritten 1-3 der Anleitung für die Nikolausmütze auf Seite 28.

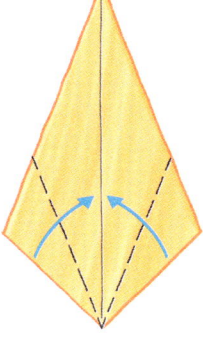

Mit Talfalten legst du die untere linke und rechte Kante zur Mitte.

Lege die obere Spitze auf die untere Spitze.

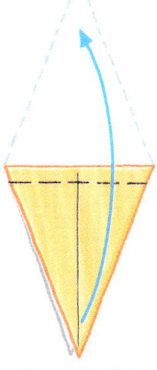

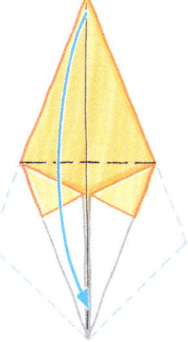

Falte den größten Teil der Spitze wieder nach oben. Orientiere dich an der eingezeichneten Linie.

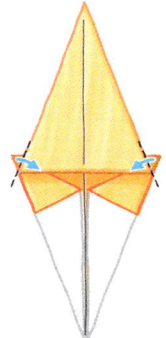

Falte die zwei kleinen herausschauenden Dreiecke nach innen.

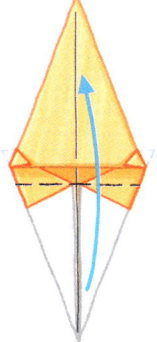

Falte nun die untere Spitze nach oben. Achte darauf, dass sie unterhalb der oberen Spitze endet.

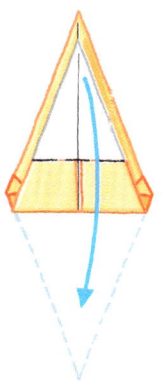

Falte einen Teil der Spitze wieder nach unten.

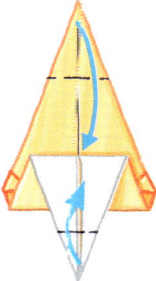

Klappe jetzt sowohl die untere wie auch die obere Spitze nach innen.

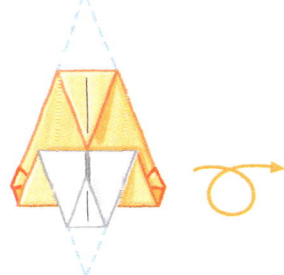

Drehe die Glocke um.

Eisbär

spielt im Schnee

1

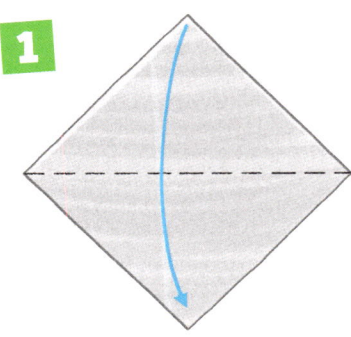

Lege das Papier mit der weißen Seite nach unten. Falte die obere Spitze auf die untere Spitze.

2

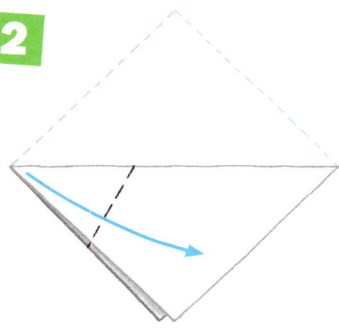

Mit einer Talfalte legst du die linke Spitze Richtung Mitte. Je nachdem wie weit du faltest, wird das Ohr deine Eisbärs etwas größer oder kleiner.

3

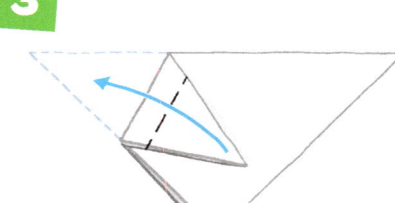

Falte einen Teil der Spitze wieder zurück.

4

Mit einer kleinen Talfalte legst du die linke Spitze wieder ein Stück zurück.

5

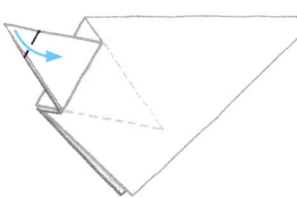

02-04

Wiederhole die Schritte 2 - 4 mit der rechten Spitze für das rechte Ohr.

6

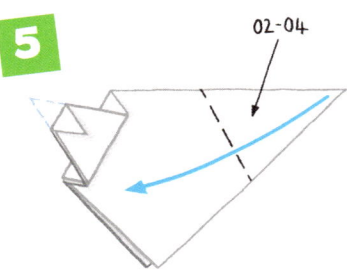

Drehe den Kopf um.

7

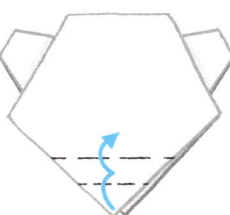

Falte die obere der unteren Spitzen zweimal nach oben. Das ist die Nase des Eisbärs.

8

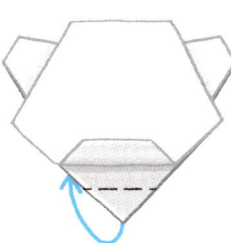

Mit einer Bergfalte klappst du die untere Spitze nach hinten.

9

Klebe zum Schluss die Wackelaugen auf und male die Nase auf.

Türkranz

Festtagsstimmung für dein Zimmer

Du brauchst

- 6 Origamipapiere in Grün-Gelb, 15 cm x 15 cm
- Klebestift

1

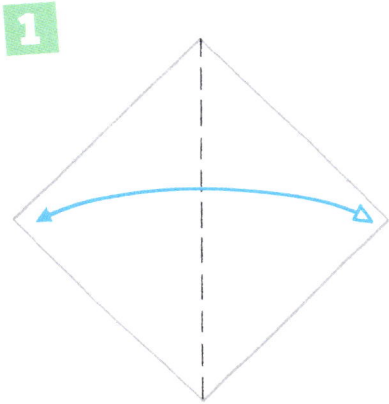

Lege das Papier mit der farbigen Seite nach unten. Falte die rechte Spitze auf die linke Spitze und öffne das Papier wieder.

2

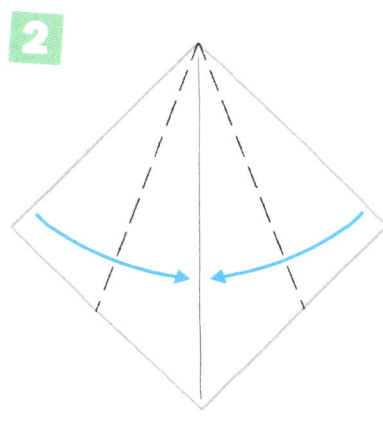

Falte die obere linke und rechte Kante auf die Faltlinie in der Mitte.

3

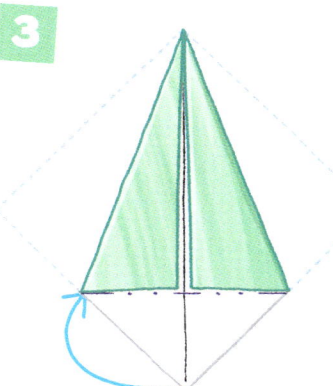

Lege nun die untere Spitze auf die Rückseite der Figur. Falte sie entlang der Kante.

4

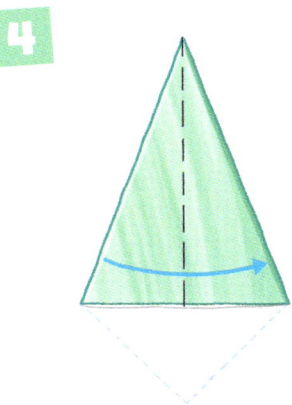

Klappe die linke Seite entlang der Mitte auf die rechte Seite.

5

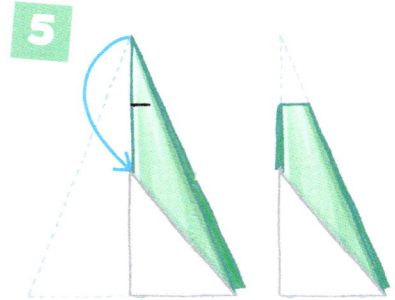

Falte die obere Spitze mit einer Bergfalte bis zur Spitze in der zweiten Farbe.

6

Falte die restlichen Origamipapiere, wie in Schritt 1 - 7 beschrieben.

7

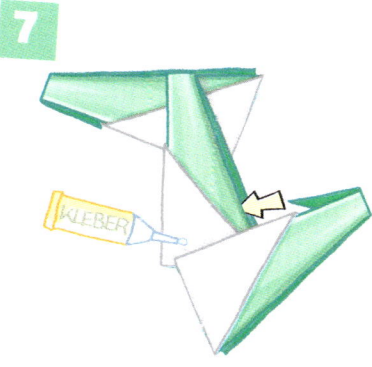

Stecke die einzelnen Spitzen in die Lasche der jeweils nächsten Spitze und fixiere sie mit dem Klebestift. Den fertigen Kranz kannst du jetzt an deiner Tür aufhängen.

1

Folge den Schritten 1 - 2 der Anleitung für die Sternenkette auf Seite 23.

2

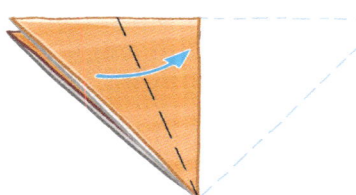

Falte jetzt die links oben liegende schräge Kante auf die rechte Kante.

3

Nun faltest du die obere rechte Kante auf die schräge Kante.

4

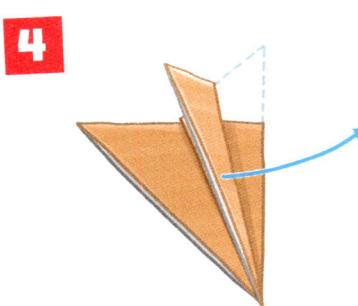

Klappe die oberen Papierlagen komplett nach rechts.

5

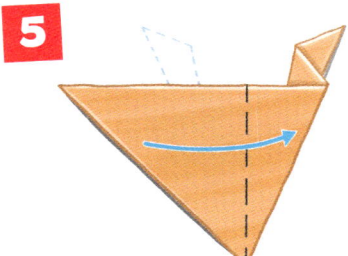

Wiederhole die Schritte 2 - 5 mit der linken Seite.

6

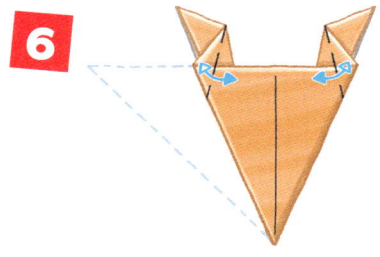

Mit einer Talfalte faltest du die kleinen Dreiecke, wie eingezeichnet, zur gegenüberliegenden Kante und öffnest sie dann wieder.

7

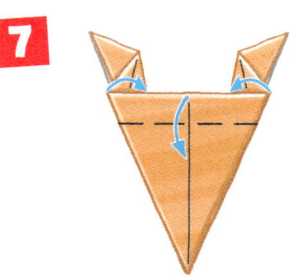

Jetzt wird die obere Kante nach unten gefaltet. Dabei öffnest du die kleinen Dreiecke gleichzeitig und drückst sie nach oben flach.

8

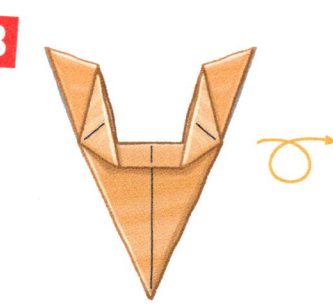

Drehe das Papier um.

9

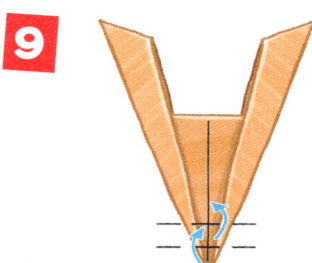

Die untere Spitze wird jetzt zweimal mit einer Talfalte nach innen gefaltet – so entsteht die Rentierschnauze.

10

Schneide mit deiner Schere das Geweih auf jeder Seite zweimal ein und falte die kleinen Streifen nach rechts und links.

11

Jetzt fehlen nur noch die Wackelaugen.

Kleines Rentier

mit beeindruckendem Geweih

Du brauchst

- Origamipapier in Braun-Weiß, 20 cm x 20 cm
- Schere
- Wackelaugen
- Klebestift

Girlanden

weihnachtliche Dekoration für
Tannenbaum und Zimmer

1

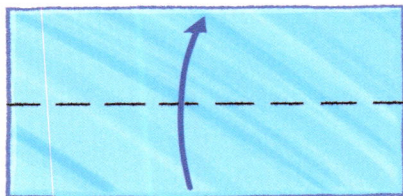

Lege das Papier mit der farbigen Seite nach
oben. Falte jetzt die untere Kante auf die
obere Kante des Papiers.

2

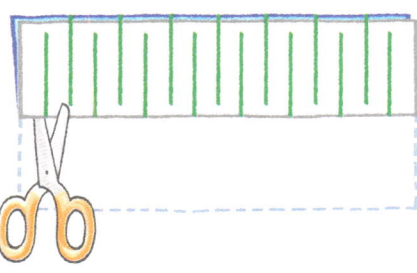

Schneide von unten und von oben immer im
Wechsel in das Papier. Achte darauf, dass du
das Papier dabei nicht durchschneidest.

Tipp
Damit das Papier beim Schneiden nicht verrutscht, kannst du
es nach jedem Schnitt auf- und
wieder zufalten.

3

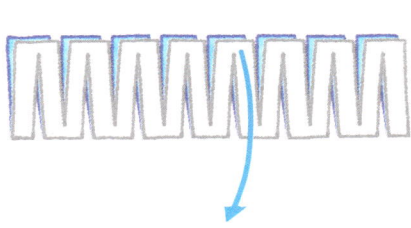

Falte das geschnittene Papier vorsichtig auseinander.

4

Ziehe zum Schluss das Papier vorsichtig in die
Länge. Schon kannst du mit dem Dekorieren
beginnen.

Du brauchst

- Origamipapier in Gelb-Weiß, 10 cm x 10 cm

Adventskerzen

Erst eins, dann zwei, dann drei, dann vier...

3

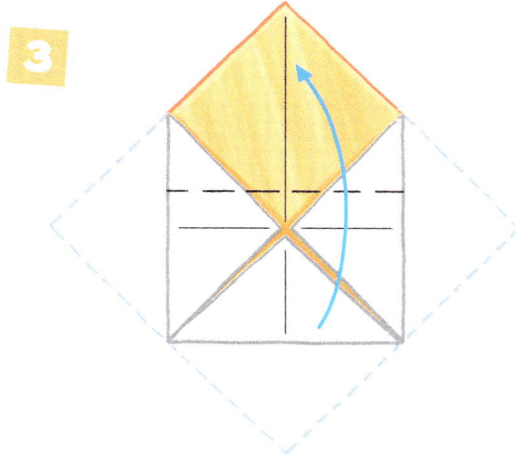

Lege die untere Kante nach oben. Achte dabei darauf, dass die obere Spitze als Kerzenflamme etwas herausschaut.

1

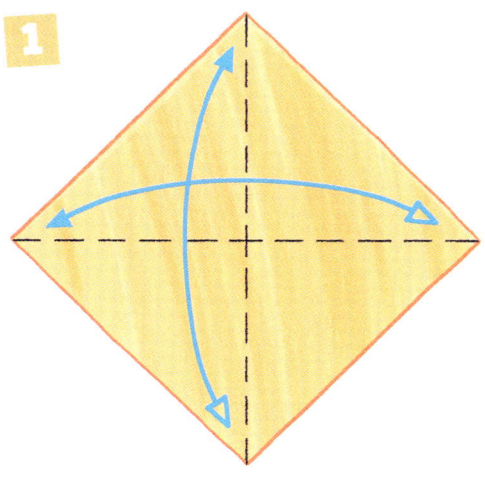

Lege das Papier mit der farbigen Seite nach oben. Falte die rechte Spitze auf die linke Spitze und die untere auf die obere Spitze. Öffne das Papier dann wieder.

4

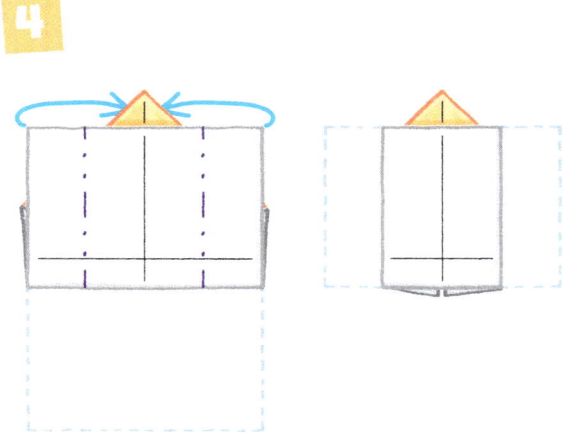

Falte die rechte und linke Kante nach hinten, sodass sie sich in der Mitte treffen.

2

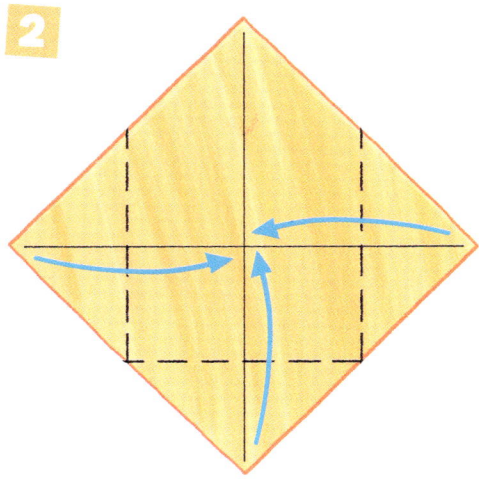

Falte die linke, rechte und untere Spitze zur Mitte.

Tipp

Falte vier Kerzen, dann kannst du sie für den Adventskranz auf Seite 50 verwenden.

Adventskranz

Advent, Advent, ein Lichtlein brennt...

Du brauchst

- 4 Origamipapiere in Rot, 15 cm x 15 cm
- 4 Origamipapiere in Grün, 15 cm x 15 cm
- Klebestift

1

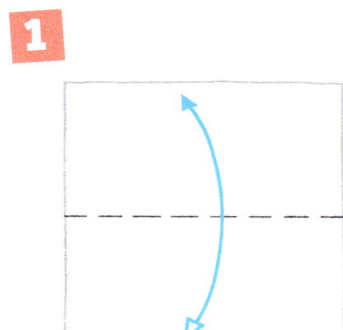

Falte die untere Kante mit einer Talfalte auf die obere Kante und öffne das Papier wieder.

2

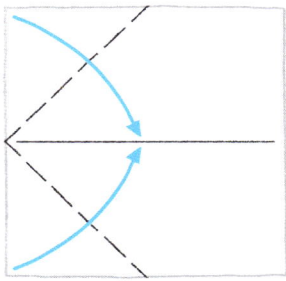

Die linken Kanten faltest du zur Mitte.

3

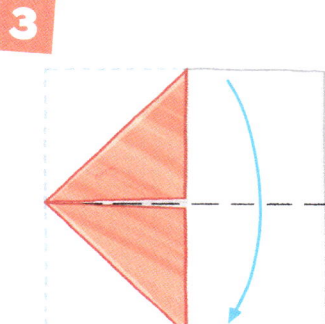

Lege die obere Kante entlang der Mitte auf die untere Kante.

4

Falte die restlichen Origamipapiere, wie in Schritt 1 - 3 beschrieben.

5

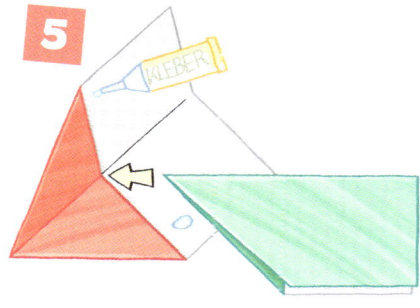

Öffne eine Spitze und trage auf beide Seiten etwas Klebstoff auf. Lege eine zweite Spitze an die in Schritt 2 gefaltete Kante und klappe die Spitze wieder zu.

6

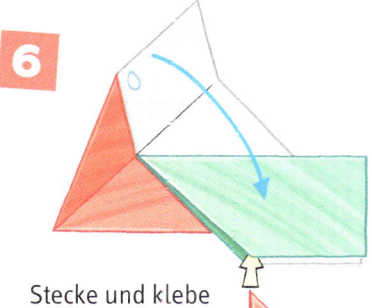

Stecke und klebe alle übrigen Teile zu einem Kreis zusammen.

Elfen

kleine Helfer des Weihnachtsmanns

Du brauchst

◆ Origamipapier
  in Grün-Weiß,
  10 cm x 10 cm
◆ Wackelaugen
◆ Klebestift
◆ Filzstift in Schwarz

1

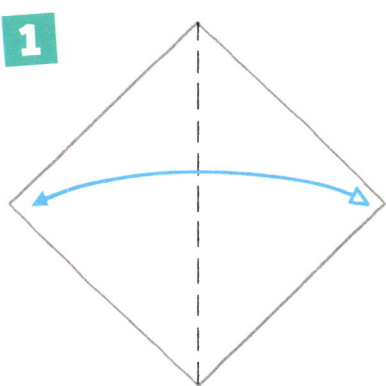

Lege das Papier mit der farbigen
Seite nach unten. Falte die rechte
Spitze zur linken Spitze und öffne
das Papier wieder.

2

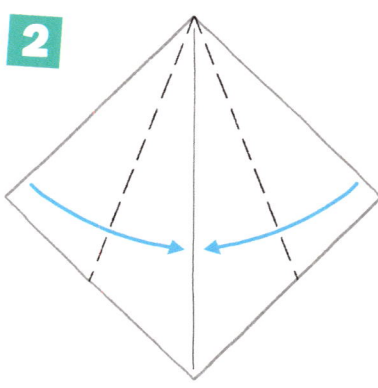

Falte die obere linke und rechte
Kante zur Mitte.

3

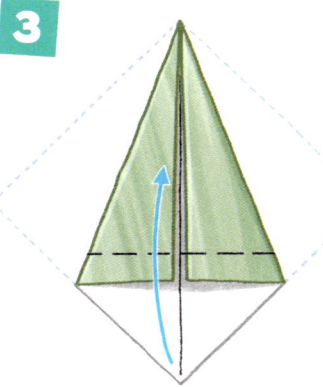

Falte die untere Spitze wie eingezeichnet nach oben.

4

Falte einen Teil
der Spitze wie-
der nach unten.
Achte darauf,
dass sie die
untere Kante
nicht berührt.

5

Falte die obere Spitze schräg nach
unten. Das wird die Mütze.

6

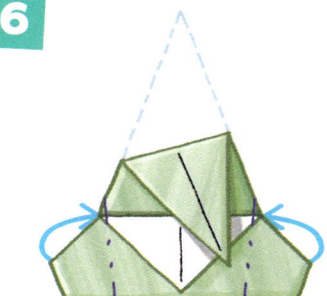

Falte die Seiten deiner Figur nach
hinten.

7

Jetzt fehlen nur noch zwei kleinen
Wackelaugen und der Bart.

Tipp

Wenn du die Seiten nicht
ganz nach hinten faltest,
können deine Elfen stehen.

Schneemonster

Gibt es sie wirklich?

Du brauchst
- Origamipapier in Weiß-Grau, 20 cm x 20 cm
- Papierreste in Rot und Schwarz
- Schere
- Klebestift
- Wackelaugen

1

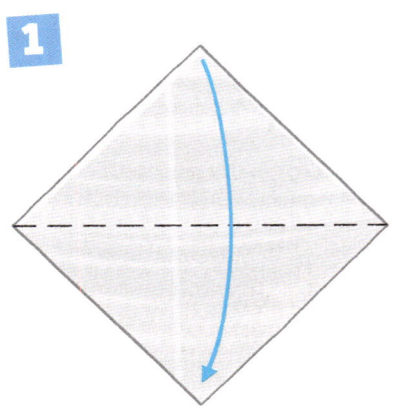

Lege das Papier mit der weißen Seite nach unten. Falte die obere Spitze auf die untere Spitze.

2

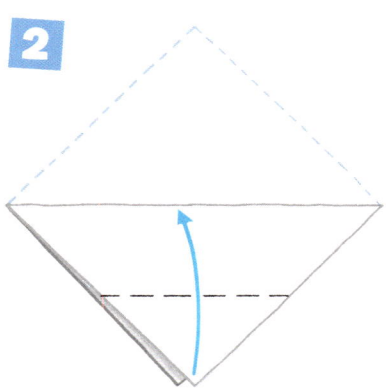

Falte die obere der unteren Spitzen nach oben zur Mitte.

3

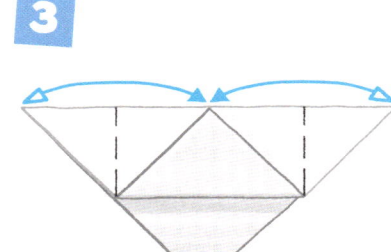

Lege die rechte und die linke Spitze zur Mitte. Falte sie wieder auf.

4

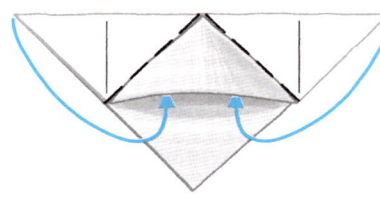

Falte beide Spitzen in die Tasche, indem du sie am oben liegenden Dreieck nach unten und dann nach innen klappst.

5

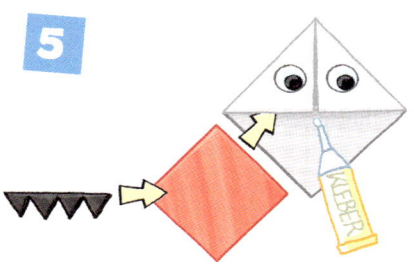

Schneide mit deiner Schere aus den Papierresten (6,5 cm x 6,5 cm) eine Zunge und die Zähne aus. Klebe alles mit dem Klebestift zusammen. Damit das Schneemonster auch etwas sieht, klebst du noch Wackelaugen auf.

Vorlage

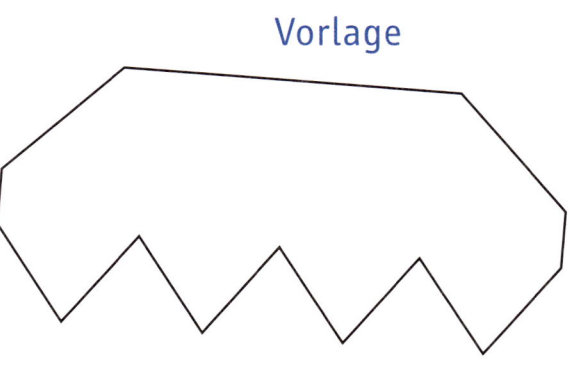

Tipp
Als Körper kannst du den Körper des Weihnachtsmanns auf Seite 12 falten.

Geschenkdosen

für kleine Schätze

Du brauchst
- 2 Origamipapiere in deinen Lieblingsfarben, 20 cm x 20 cm

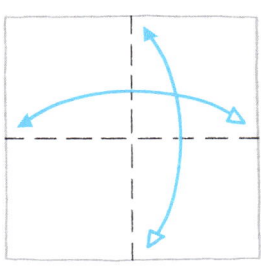

Lege das Papier mit der farbigen Seite nach unten. Falte die untere Kante auf die obere Kante und die rechte Kante auf die linke Kante. Öffne das Papier dann wieder.

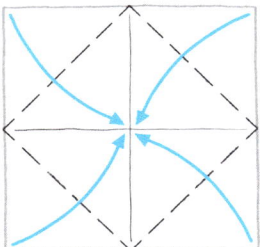

Falte alle Spitzen zur Mitte.

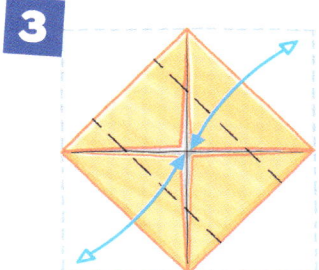

Falte die obere rechte und die untere linke Kante zur Mitte und öffne das Papier wieder.

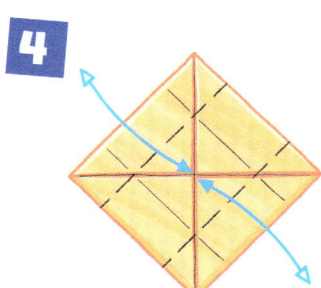

Falte jetzt auch die obere linke und die untere rechte Kante zur Mitte. Öffne das Papier dann wieder.

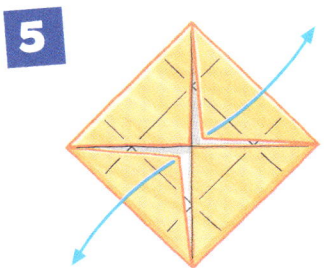

Falte nun die zwei abgebildeten Spitzen wieder auf.

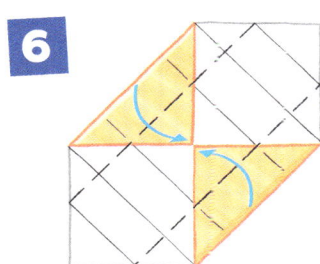

Stelle die obere linke und die untere rechte Kante auf.

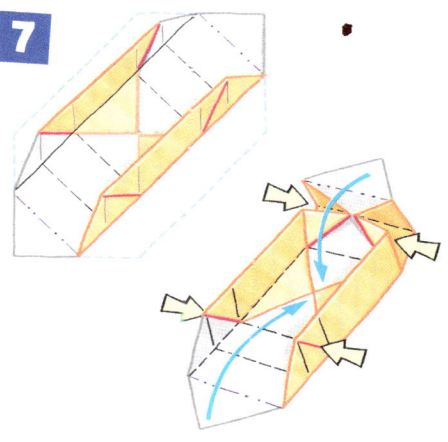

Stelle die zwei anderen Seiten auf und falte die Spitzen zur Mitte. Drücke dabei die rot angezeigten Linien in das Innere der Box.

Falte nun noch das andere Origamipapier wie in Schritt 1 - 7 beschrieben. Das wird der Deckel deiner Geschenkdose.

Pinguin

watschelt übers Eis

Du brauchst
- Origamipapier in Schwarz-Weiß, 10 cm x 10 cm
- Wackelaugen oder Lackmalstift in Weiß

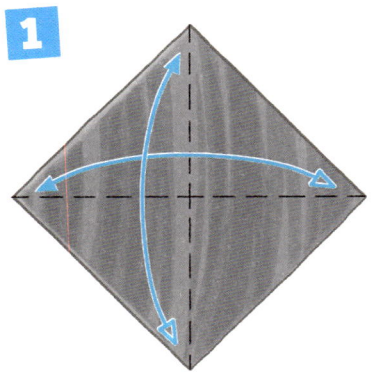

1

Lege das Papier mit der farbigen Seite nach oben. Falte die rechte Spitze auf die linke Spitze und die untere auf die obere Spitze. Öffne das Papier dann wieder.

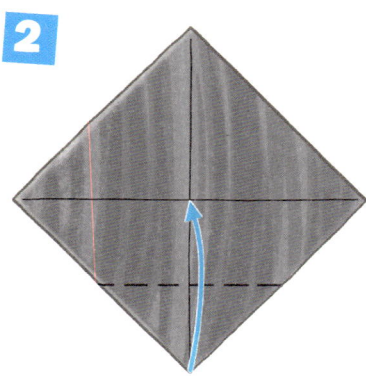

2

Falte die untere Spitze zur Mitte.

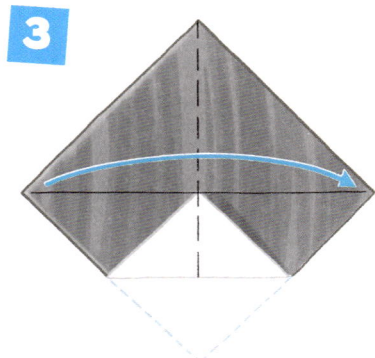

3

Lege die linke Seite auf die rechte Seite des Papiers.

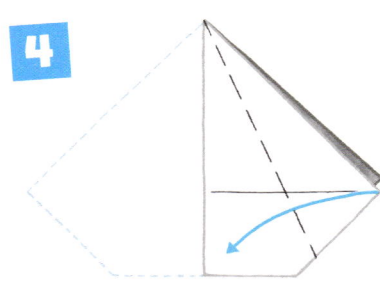

4

Falte die obere rechte Spitze auf die linke Seite. Achte dabei darauf, nicht ganz bis zur Kante zu falten.

5

Mit einer Bergfalte faltest du die rechte Spitze nach hinten. Auch hier faltest du nicht ganz bis zur Kante.

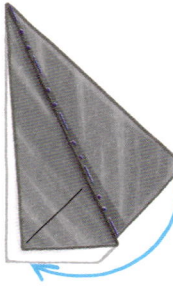

6

Lege die obere Spitze schräg nach links – das wird der Schnabel. Die rechte Spitze faltest du ein Stück nach innen und öffnest sie dann wieder.

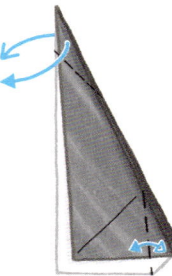

7

Falte die Spitze rechts unten wie eingezeichnet mit einer Bergfalte. Dabei schiebst du das Papier etwas nach innen und drückst den Arm nach unten. Falte den anderen Arm auf der Rückseite genauso.

8

Klebe auf jede Seite ein Wackelauge auf oder male die Augen mit einem Lackmalstift.

Großer Stern

dekoriert Fenster und Wände

Du brauchst

- ◆ 4 Origamipapiere in Lila, 10 cm x 10 cm
- ◆ 4 Origamipapiere in Pink, 10 cm x 10 cm
- ◆ Klebestift

1

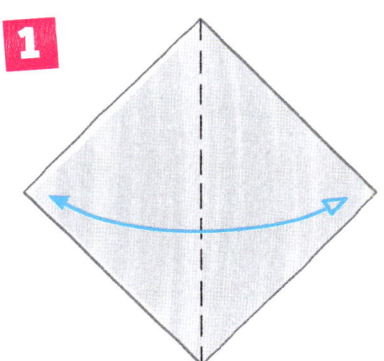

Lege das Papier mit der farbigen Seite nach unten. Falte die rechte Spitze auf die linke Spitze. Öffne das Papier wieder.

2

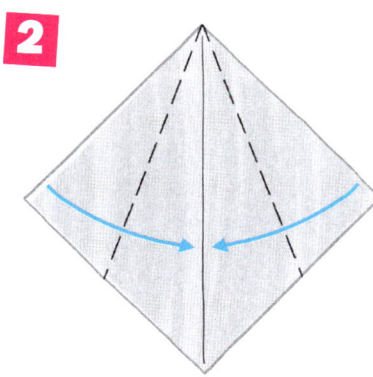

Falte die obere linke und rechte Kante zur Mitte.

3

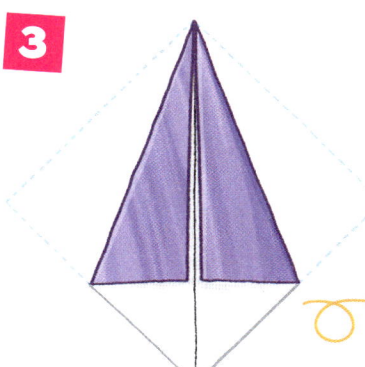

Drehe das Papier um

4

Falte die anderen Origamipapiere wie in Schritt 1 - 3 beschrieben.

5

Klebe die einzelnen gefalteten Sternspitzen mit deinem K.ebestift zusammen. Achte dabei darauf, jede neue Spitze mit der unteren Kante an die Mitte der vorherigen Spitze anzulegen.

Buchempfehlungen für dich

TOPP 5672
ISBN 978-3-7724-5672-5

TOPP 7719
ISBN 978-3-7724-7719-5

TOPP 7724
ISBN 978-3-7724-7724-9

TOPP 5992
ISBN 978-3-7724-5992-4

TOPP 7764
ISBN 978-3-7724-7764-5

TOPP 7770
ISBN 978-3-7724-7770-6

TOPP 7736
ISBN 978-3-7724-7736-2

TOPP 7680
ISBN 978-3-7724-7680-8

TOPP 7767
ISBN 978-3-7724-7767-9

TOPP 7766
ISBN 978-3-7724-7766-9

Kreativ-Bücher finden Sie auf www.TOPP-kreativ.de

Weitere Ideen zum Selbermachen gesucht?

Lieblingsstücke von einfach bis einfach genial finden Sie bei TOPP! Lassen Sie sich auf unserer Verlagswebsite, per Newsletter oder in den sozialen Netzwerken von unserer Vielfalt inspirieren!

Website

Verlockend: Welcher Kreativratgeber soll es für Sie sein? Schauen Sie doch auf **www.TOPP-kreativ.de** vorbei & stöbern Sie durch die neusten Hits der Saison!

TOPP-Autoren

Sie wollen wissen, wer die „Macher" unserer Bücher sind? Wer Ihnen nützliche Tipps & Tricks gibt? Auf **www.TOPP-kreativ.de/Autor** warten jede Menge spannender Infos zum jeweiligen Autor auf Sie. Finden Sie heraus, welches Gesicht hinter Ihrem Lieblingsbuch steckt!

Facebook

Werden Sie Teil unserer Community & erhalten Sie brandaktuelle Informationen rund ums Handarbeiten auf **www.Facebook.com/Mitstrickzentrale** Wer sich für Basteln, Bauen, Verzieren & Dekorieren interessiert, ist auf **www.Facebook.com/Bastelzentrale** genau richtig!

Pinterest

Sie sind auf der Jagd nach den neusten Trends? Sie suchen die besten Kniffe? Die schönsten DIY-Ideen? All' das & noch vieles mehr gibt es von TOPP auf **www.Pinterest.com/Frechverlag**

Newsletter

Bunt, fröhlich & überraschend: Das ist der TOPP-Newsletter! Melden Sie sich unter: **www.TOPP-kreativ.de/Newsletter** an & wir halten Sie regelmäßig mit Tipps & Inspirationen über Ihr Lieblingshobby auf dem Laufenden!

Extras zum Download in der Digitalen Bibliothek

Viele unserer Bücher enthalten digitale Extras: Tutorial-Videos, Vorlagen zum Downloaden, Printables & vieles mehr. Dieses Buch auch? Dann schauen Sie im Impressum des Buches nach. Sofern ein Freischaltcode dort abgebildet ist, geben Sie diesen unter **www.TOPP-kreativ.de/DigiBib** ein. Nach erfolgreicher Registrierung erhalten Sie Zugang zur digitalen Bibliothek & können sofort loslegen.

YouTube

Sie wollen eine ganz neue Technik ausprobieren? Sie arbeiten an einem spannenden Projekt, aber wissen nicht weiter? Unsere Tutorials, Werbetrailer, Interviews & Making Of's auf **www.YouTube.com/Frechverlag** helfen Ihnen garantiert dabei, den passenden Ratgeber von TOPP zu finden.

Instagram

Sie sind auf Instagram unterwegs? Super, TOPP auch. Folgen Sie uns! Sie finden uns auf **www.Instagram.com/Frechverlag** Möchten Sie uns an Ihrem Lieblingsprojekt teilhaben lassen? Am besten posten Sie gleich ein Foto mit dem Hashtag **#frechverlag** & wir stellen Ihr Werk gerne unserer Community vor – yeah!

Alles in einer Hand gibt's hier:

Kreativ-Bücher finden Sie auf www.TOPP-kreativ.de

Impressum

Dominik Meißner, 1966 in Berlin-Wilmersdorf geboren, begann bereits im Alter von zehn Jahren mit seinen ersten Papierfaltarbeiten. Der Diplom-Informatiker entwickelt seine Origami-Objekte professionell selbst. Neben seinem Hauptberuf als Web-Entwickler beschäftigt er sich täglich ca. 4-5 Stunden mit Origami. Dominik Meißner lebt heute mit seiner Familie im Saarland. Wenn du mehr über ihn erfahren möchtest, wirf doch Mal einen Blick auf seine Homepage: www.orime.de.

Danke!

Vielen Dank an die Firmen Rayher, Buttinette und VBS sowie an www.werth-art.de, für die freundliche Bereitstellung von Faltpapier. Der Autor dankt darüber hinaus seiner Frau Manuela Pieper für die gemeinsamen schöpferischen Bastelwochenenden.

Unser Service für Sie: Wenn Sie Fragen zu den Anleitungen in diesem Buch haben, schreiben Sie einfach eine E-Mail an: mail@kreativ-service.info. Wir helfen Ihnen gerne weiter.

FOTOS: frechverlag GmbH, 70499 Stuttgart; lichtpunkt, Michael Ruder, Stuttgart
SCHRITTILLUSTRATIONEN: Ursula Schwab
PRODUKTMANAGEMENT UND LEKTORAT: Juliane Voorgang
HERSTELLUNG: Konstanze Laue
DRUCK: DRUK-INTRO S.A., Polen

1. Auflage 2017

© 2017 frechverlag GmbH, Turbinenstraße 7, 70499 Stuttgart

ISBN: 978-3-7724-7761-1   Best.-Nr. 7761